HÁ MILHARES DE ANOS, HAVIA MUITAS ESPÉCIES DE DINOSSAUROS.

O BRAQUIOSSAURO PODIA CHEGAR A 20 METROS DE ALTURA!

O TIRANOSSAURO REX NÃO ERA TÃO ALTO, MAS AMEDRONTAVA TODOS POR SER UM PREDADOR FEROZ.

O ALBERTOSSAURO TINHA OS BRAÇOS CURTINHOS E O CORPO ALONGADO.

OS DINOSSAUROS FAZIAM NINHOS PARA SEUS FILHOTES.

A CACHOEIRA ERA O CHUVEIRO PERFEITO PARA O TAMANHO DE ALGUNS DINOSSAUROS.

CUIDAR DOS OVOS ERA UMA TAREFA NECESSÁRIA PARA PROTEGER OS FUTUROS FILHOTES DO ATAQUE DE PREDADORES.

QUANDO FILHOTES, OS TIRANOSSAUROS ERAM MUITO FOFOS...

O PTERODÁCTILO NÃO ERA UM DINOSSAURO, MAS **VIVEU** NA MESMA ÉPOCA.

QUANDO FILHOTE, O TRICERÁTOPO TINHA PEQUENOS CHIFRES NA FACE.

QUANDO ADULTO, OS CHIFRES DO TRICERÁTOPO FICAVAM ENORMES.

MUITOS DINOSSAUROS CONVIVIAM EM HARMONIA.

HOJE, OS FÓSSEIS DOS DINOSSAUROS PODEM SER VISTOS EM GRANDES MUSEUS.